One Day in the Secret
Forest of Words

The original *Días del Bosque* was awarded the XX Loewe Prize
in 2007 and it was published in 2008 by
Editorial Visor, Madrid, Spain
©Vicente Valero

This edition, copyright © 2019, Quantum Prose, Inc.

Editorial director
Marta del Pozo

Editorial advisors
Lissi Sánchez
Gregg Harper
Hugo Clemente
James Steele

Design advisor
Vicente Sánchez

Photography
José del Río Mons

ISBN
978-0-9973014-3-4

Library of Congress Control Number
2018953232

Quantum Prose, Inc.
New York, NY

One Day in the Secret Forest of Words

Vicente Valero

Translated by
Richard Sturgess

Foreword by
Leonard Schwartz

QUANTUM PROSE

CONTENTS

In his *Dark Ecology* and elsewhere, the philosopher Timothy Morton argues for the need to pursue an ecological mode of thinking in the aftermath, absence or dismissal of a concept of "Nature". That "Nature" as a term has become as fraught for us as "God" was for Nietzsche in the late 19th century, and that it often ends up triggering the separation from the very field of elemental energies and life forms one might seek to participate in, perpetuate, or take pleasure with, is of course not his insight alone. In a conversation I had with Morton in 2017 about *Dark Ecology*, we both thrilled to the notion of the non-self-identical (as found in Adorno) as one that would permit access to both consciousness and a field of ecological possibilities in such a way that would let neither "Nature" or "Identity" slide into essentialism.

Vicente Valero's *One Day in the Secret Forest of Words*, splendidly translated from Spanish by Richard Sturgess, is a book that also keeps us so precariously balanced in the space *Dark Ecology* calls for. This writing offers an animism that refuses animism, a humanism that refuses humanism, a spirituality that rejects the self-preening moral high ground - but also an astonishment that refuses any limitations on the realm of astonishment. In the poetic universe of Valero, trees can't speak, but they might be able

9

to dream: people too might be able to dream, of flight, or transforming into a tiger. And from this intertwining — that both the trees and pronouns might possibly dream together — emerges a language that powerfully materializes existing ecological spaces between the decayed notions of "Nature", "Divinity", and "Humanity", not privileging any particular sphere over the other even as one doesn't pretend not to be a particular voice.

Poet Vicente Valero contributes marvelously to the tradition of the *flâneur* of the forest. One thinks of Baudelaire and the forest of symbols in which language arrives at correspondences, although here of course the symbols themselves have been dispersed. Like Francis Ponge in his hymn to the pine forests of the Loire in *Rage de l'expression*, Valero circles and recircles related tropes, lines, forms, and intimations, in a poetry of recurrence and psychogeography, meditating on his native island, Ibiza. Of all forest beings, a "December sun is the one that evokes the most pity, that appears the most forsaken." Thus one invites such light in, in tender encounter. The wanderer banishes his demons, by walking. "They are always sedentary." Light, moisture, branch, quadruped, biped, and bird are always in subtle motion, with the demon being paralysis. Even a tree can dream of abandoning its assigned position as a column in "the temple of Nature" (Baudelaire), and instead make the pilgrimage, trekking along the holy route. Eventually a trickle of moisture burrows through a mountain of stone, releasing a river. The poetry of Vicente Valero speaks of both epistemological modesty and unerasable mystery, persuading the mind of the presence of both.

Leonard Schwartz

POEMAS

POEMS

I

Como palabras son las hojas de esta higuera.
Como palabras dichas en voz baja.

El mirlo las convoca y las pronuncia con su negra lengua
del amanecer.

Creo en vosotras todavía.

Creo en el aire amarillo de este invierno y en las hojas
sin luz que ahora resbalan, desnudas, se deslizan, como
palabras últimas del mundo:

mensajeras oscuras de una más honda y perfecta claridad.

I

The leaves of this fig tree are like words.
Like softly spoken words.

The blackbird summons them and utters them with his
black tongue of dawn.

I still believe in all of you.

I believe in this winter's yellow air and the lightless leaves
that now slip; naked they slide, like the last words of this
world:

dark heralds of a more profound and flawless clarity.

II

Un día, en el bosque secreto de las palabras, cierto ciervo que vi, que se veía, me dijo, allá donde no había caminos ni senderos, sino solamente la hierba alta y el ramaje esparcido, que a los desesperados el río de la noche los alumbra, pero solo si bañan sin miedo su dolor.

II

One day in the secret forest of words, a certain deer that I saw, that could be seen, said to me there were no lanes, nor paths, only tall grass and scattered branches; that the river of night shines on those despairing ones, only if they bathe their pain without fear.

III

El aviador no es como el pájaro.

El aviador qué sabe de este limo, por ejemplo.
De estas piedras azules bajo el árbol.

Qué sabe el aviador de estas raíces.
De estas ramas podridas, de estas hojas mojadas:

tan suaves y gustosas.

III

The aviator is not like the bird.

What does the aviator know of this moss, for example, of these blue stones beneath the tree?

What does the aviator know of these roots?
Of these rotten branches, these wet leaves:

so soft and so pleasant.

IV

Para el zorzal el limonero es solo un rayo más del sol,
aunque siempre el más cálido y el más duradero:

el único que alumbra por la noche.

IV

For the thrush the lemon tree is merely another ray of sun;
although always the warmest and most abiding;

the one that lights up the night.

V

Lazos sagrados como raíces, redes invisibles.

La escritura de la primavera vierte su tinta de color una vez más sobre el lecho oscuro, enfebrecido, del animal solitario.

Nunca lo salva, pero le dice con qué ropa partir.

V

Sacred bonds like roots, invisible webs.

The calligraphy of spring once more spills its coloured ink over the dark and restless mantle of the lone animal.

It never saves him, but does let him know in which garments to leave.

VI

Sueña que ha sido una gota de lluvia, un padre para los ruiseñores.

Sueña que ha sido también una lámpara en la noche, un hogar para los desterrados, una sombra para los caminantes del mediodía.

Ahora que va a ser derribado, sueña que ha sido un árbol el árbol.

VI

The tree dreams it has been a raindrop, a father to the nightingales.

The tree dreams it has also been a lamp in the night, a home for exiles; a shade for walkers of midday.

Now that it is to be chopped down, the tree dreams it has once been a tree.

VII

El caminante ahuyenta, caminando, a sus demonios.
Estos son siempre sedentarios.

VII

The wanderer banishes his demons, by walking.
They are always sedentary.

VIII

El pensamiento más profundo de un cazador es su disparo.

Con él penetra a solas, siempre, en el silencio de las largas distancias, en la humedad salobre del amanecer.

Con él penetra en el corazón oscuro de las tórtolas.

VIII

The innermost thought of a hunter is his gunshot.

With it, always in solitude, he pierces the silence of long distances in the brackish moisture of dawn.

With it he bores deep into the dark hearts of doves.

IX

Palabras que hemos visto sumergirse, a solas, muchas noches, en las aguas oscuras de este río.

Cierto ciervo que vi bebía entonces, lavaba sus heridas invisibles.

Un nuevo idioma renacía a oscuras, temblaba como animal nocturno, ardía hasta el amanecer.

IX

Words we have seen submerge, many nights long, in the dark waters of this river.

A certain deer I then saw drinking, bathed its invisible wounds.

A new language was being born in darkness, trembled like a beast of night, burned until dawn.

X

Mi alma ha sido vista por aquí también, en este bosque, según he podido saber, algunas noches, con la liebre, bañándose en el río, o acompañando a la gineta, libre de mí por unas horas, dichosa y sorprendida, como un pájaro que, aun habiendo aprendido por fin a volar, continúa, no se sabe por qué, regresando siempre a su nido.

X

As far as I can gather, my soul has also been seen in these woods, some nights with the hare; bathing in the river or in company with the genet; freed from me for a few hours, happy and surprised like a bird that, despite having at last learned to fly, and who knows why, always returns to its nest.

XI

Una vez vi también los vasos vacíos sobre la mesa del atardecer, los fragmentos azules de un pan desconocido. Había sangre en el mantel tejido por los dioses, cuchillos quemados por el sol.

Me acerqué y comí. Por aquel tiempo sólo me alimentaba de heridas misteriosas, de antiguos y violentos sacrificios.

XI

Once, I also saw empty glasses on the table of early evening; blue fragments of unfamiliar bread. There was blood on the tablecloth woven by the gods, knives burned by the sun.

I approached and ate. In those days I only nourished myself from mysterious wounds, from ancient violent sacrifices.

XII

Tejieron una isla con el hilo pobre y transparente de los sueños y se fueron a vivir al mar, lejos de aquí.

Son pájaros que ahora saben construir ermitas con las alas azules de las mariposas, rezarle a un dios que esparce semillas de fuego sobre la arena de las playas, dormir en los acantilados.

Nadie sabe cuándo ni de quién aprendieron a vivir así.

Cuando pregunto por ellos en el bosque, me dicen que nunca volverán, que ahora son como mendigos en el país de los peces voladores.

XII

They wove an island with the poor transparent thread of dreams and left to live upon the sea far from here.

They are birds that know how to build hermitages out of blue wings of butterflies, how to pray to a god who scatters seeds of fire over the sand of beaches, how to sleep on cliffs.

No one knows when or from whom they learned to live this way.

In the forest, when I ask after them, they tell me that they won't ever return; that now they are like beggars in the land of flying fish.

XIII

Ojo del bosque: mira mis huellas. Son como las raíces requemadas que aún esperan el aliento del mar.

O como las arrugas en el cuerpo de un viejo solitario que todavía ama las canciones del mediodía.
O como las venas azuladas, siempre palpitantes, en las sienes rojizas y suaves de los ciervos.

Ojo del bosque: apiádate de ellas, protege su camino.

XIII

Eye of the forest: look at my footprints. They are like dried out roots that still await the breath of the sea.

Like wrinkles on the body of an old man who still loves the songs of midday.
Or like the blue veins always throbbing against the soft reddish temples of the deer.

Eye of the forest: take pity on them, protect their path.

XIV

Mis pies aman la corteza y el liquen, la piedra solitaria, la tierra húmeda.
Mis pies aman la música de las hojas secas.

XIV

My feet love bark and lichen, a solitary rock, damp earth.
My feet love music of dry leaves.

XV

Lengua del bosque: lame mi alma.
Si ha buscado tu aliento, límpiala con tu resina roja.

Ofrécele tus jugos luminosos y amargos para que aprenda
a ser, desnuda y solitaria, cántaro del infinito.

Dale el calor del fruto de tu boca.

XV

Tongue of the forest: lick at my soul.
If it has sought your breath, cleanse it with your crimson resin.

Offer it your glowing bitter sap so that, naked and alone, it learns to be a vessel for the infinite.

Give it warmth from the fruit of your mouth.

XVI

Parece que solo el jilguero sabe lo que ofrecen las ramas
que se pudren.
Solo él reconoce su secreto y construye sobre ellas su
escuela musical.

XVI

It appears only the goldfinch knows what rotting branches have to offer.
Only it divines their secret and builds upon them his school of music.

XVII

El viento busca siempre el bosque: sabe que aquí podrá su dolor ser libre, gemir, romper, hacer temblar la tierra.

Sabe que aquí podrá declarar su tormento:

El placer de su ira.

XVII

The wind always seeks out the forest: it knows here it is free
to moan, to splinter, to make the earth tremble.

It knows here it can reveal its anguish:

Delight in its rage.

XVIII

Agua que bebe el pájaro de octubre en la palma de mi
mano: agua que alumbra el secreto del bosque.

XVIII

Water the October bird drinks from the palm of my hand:
water that sheds light on the secret of the forest.

XIX

Desnudo y solo, entre las ramas de la encina, temblando, te he encontrado por fin, sol de diciembre.

Ven a casa conmigo.

XIX

Naked alone among branches of evergreen oak, trembling,
I found you at last, December sun.

Come home with me.

XX

Oscuro pero cálido idioma que aprendimos con las manos,
palpando la membrana viscosa de los nidos, el crecimiento
del musgo y de la telaraña, las venas blancas de las hojas
muertas, la sequedad del hormiguero.

XX

Darksome but stirring language we learn with our hands,
touching the viscous membrane of nests, growth of moss
and the spider's web, white veins of dead leaves, dryness of
the anthill.

XXI

El miedo era solamente un pobre lobo que corría, manso y desesperado, hacia ningún lugar, un animal perdido bajo la lluvia negra del bosque: sólo una sombra ausente e infeliz de la manada.

XXI

Fear was simply a poor wolf that ran, meek and forlorn, towards nowhere, an animal lost beneath the black rain of the forest: merely a truant and dispirited shadow of the pack.

XXII

Agua del bosque: vierte tu transparencia sobre mi corazón.
Dame tu claridad.

Hazme invisible.

XXII

Water of the forest: pour your transparency over my heart.
Give me your clarity.

Make me invisible.

XXIII

En los espinos he dejado cada día mi sangre.
Mi sangre en este bosque es verde.
Cuando florecen los espinos, también mi sangre es nueva.
Así he aprendido a florecer.
Así he aprendido a contemplar mi sangre.

XXIII

Every day I have left my blood on the thorns.
My blood in this forest is green.
When the thorns flower, so too is my blood renewed.
Thus, have I learned to flower.
Thus, have I learned to gaze at my own blood.

XXIV

Una gota mía de sudor en el bosque hará crecer el árbol de la sed. Bajo la sombra de este árbol, algún día, tal vez, descansen otros caminantes.

Tal vez, bajo la sombra de este árbol, algún día, las palabras del bosque vuelvan a ser escuchadas, cierto ciervo que vi vuelva a ser visto.

Que una gota mía de sudor pueda ser esto.

XXIV

A drop of my sweat in this forest will make the tree of thirst grow. Beneath the shade of this tree, one day, possibly, other wanderers may rest.

Possibly, beneath the shade of this tree, the words of the forest may be heard again, a certain deer I saw might be seen.

May this be a drop of my sweat.

DECLARACIONES

COMMENTARIES

I

Digámoslo muy claro: una higuera en un bosque es siempre una higuera abandonada, un árbol que ha sido dado por perdido. Tratemos entonces de imaginar su desamparo, pero más aún el sufrimiento de sus raíces. Éstas, asediadas por árboles más poderosos, lentamente se deslizan, huyen hacia espacios todavía vacíos, en donde también serán asediadas.

Se dice que las ramas de la higuera crecen y se desarrollan siempre en la misma dirección que sus raíces. No carecemos por tanto de un mapa para orientarnos en el mundo invisible de este árbol.

Observamos así cómo algunas de sus ramas mueren, pero también cómo otras, en el lado opuesto, brotan con fuerza y se extienden felices hacia más vida. Este desequilibrio interior y exterior, sin embargo, surgido de la necesidad inmediata, como consecuencia de su fuga desesperada, daña al árbol. Lo cierto es que, durante sus permanentes combates subterráneos, la higuera aprende a ser mortal y sombra fugitiva.

Por esta razón puede decirse que una higuera en el bosque es, sobre todo, una higuera sin esperanza, un árbol imposible.

Pero acerquémonos mejor a las hojas, de las cuales yo digo que son como palabras, como palabras sabias y dichas en voz baja. Propietarios únicos de estas palabras vegetales parecen, por cierto, los mirlos, habitantes nerviosos y siempre oscuros del amanecer.

Engullidos los frutos, ya con el otoño amarilleador, se diría que el mirlo continúa en la higuera por gratitud, y no sólo para ver cómo caen las hojas, sino también para ayudarlas él mismo a caer en el invierno.

I

Let us state this very clearly. A fig tree in a forest is always an abandoned fig tree, a tree that has been regarded as lost. Let us then try to imagine its forsakenness, and even more, the suffering of its roots. These, besieged by more powerful trees, slowly slip away, fleeing towards places still empty where they will again be importuned.

It is said that the branches of the fig tree flourish and grow always in the same direction as its roots. Thus we have no need of a map to find our way around the invisible world of this tree.

So we observe how some of its branches wither, but also how others, on the opposite side, sprout vigorously and happily put forth towards more life. Nevertheless, this inner and outer disharmony, born of pressing need, born of its desperate flight, harms the tree. What is certain is that, throughout its interminable subterranean struggle, the fig tree masters mortality and its fleeting shadows.

For this reason one could say that a fig tree in the forest is, above all, a fig tree bereft of hope, an unfeasible tree.

However, let us draw nearer to the leaves that I say are like words, like wise and softly spoken words. Sole owners of these verdant words seem, apparently, to be the blackbirds, tense and always dark denizens of the dawn.

Gorged with berries in the already yellowing autumn, it would appear that the blackbird tarries in the fig-tree out of gratitude, not simply to watch how the leaves fall, but himself to help them fall in the winter.

¿Labor de enterrador entonces la del mirlo? Sólo él parece conocer bien este lenguaje singular: este deslizamiento fúnebre de las hojas secas de la higuera hacia la tierra húmeda. Las acompaña siempre pronunciándolas muchas veces, con su silbido negro y madrugador.

Y sí, digo también que yo creo todavía en su verdad, en la de las hojas que caen como palabras para decir despacio y en voz baja lo que importa: la claridad futura, la más honda y perfecta luz de todas las caídas.

The toil of the grave digger, is this then the blackbird's task? Only he, it seems, really understands this curious language: this funereal cascade of the fig tree's dry leaves onto the damp earth below. He always joins in, pronouncing them over and over again with his stygian and dayspring whistling.

And yes, I too declare that I still believe in his truth, the truth of the leaves falling like words that slowly and softly say what matters: the approaching clarity, the perfect radiance in all the fallings.

II

En este bosque de palabras nuestro el ciervo es siervo del río y de la luz, bebe un agua que alumbra. Lo que dice y lo que calla sólo lo sabe el caminante, aquel que sube también a lo más alto, aquel que logra ver al ciervo un día. Toda palabra suya es aparición, regalo del bosque.

En la noche —allí donde no hay caminos ni senderos—, el río desciende con su luz, con sus llamas húmedas, con sus voces claras. Vienen entonces a beber de su consuelo aquellos que se han perdido en el bosque: los hombres que se bañan. En su dolor también hay paz.

El ciervo es una transparencia y un reflejo en el agua, una sombra fugada del jardín del salmista, un extraño suceso. Un ciervo siempre tiene sed, por eso conoce el camino de los desesperados, las huellas abrasadas de otros ríos. Por eso yo, en mi sed, también lo he visto.

II

In this our forest of words, the deer is servant to the river and to the light, it drinks water that illuminates. What the deer says and does not say is only known to the walker, he who also reaches to the highest places, he who manages to see the deer one day. Every word of his is a vision, a gift from the forest.

At night —there, where there are neither roads nor paths, the river descends with its brilliance, with its damp flames, with its clear voices. They then come to drink from its comfort, those who have lost themselves in the forest, the men that bathe. In their pain there is also peace.

The deer is a transparency and a reflection in the water, a shadow escaped from the promised garden of the psalmist, an unusual event. A deer is always thirsty, that is why he knows the paths of the despairing, the parched tracks of other rivers. That is why I, in my thirst, have also seen him.

III

Nada sabe del bosque el aviador que sobrevuela el bosque. Yo, algunas veces, desde uno de los claros, he podido mirarle a los ojos. Sé bien a lo que viene una y otra vez el oficiante de la planimetría voladora. Y en las manos del comprador que lo acompaña hay restos de metales pesados, de lápices y gomas de borrar, de líquidos incendiarios.

Algún día el aviador (me digo) quiso ser como un pájaro, pero hoy sólo sabe trazar planos desde el aire, sí, *planear* completamente, asustar con su pequeño avión a los pájaros del bosque, mientras toma fotografías que luego han de servir a quien él mismo sirve cuando vuela tan bajo. Del comprador que lo acompaña qué podríamos decir: sólo que sonríe satisfecho, aunque seguramente tenga miedo a volar.

El pájaro también conoce el bosque desde arriba, pero su vuelo, cómo no, sabe adentrarse transparente en la oscuridad viva, en el corazón silencioso de las sombras. Bebe luego la luz de las hojas mojadas y da de comer a sus crías en el cálido musgo o en las más altas ramas, él mismo se alimenta de raíces podridas, de pan blando del subsuelo, y sólo entonces comprende el significado de volar, de venir desde allá arriba.

Por tanto el aviador no es como el pájaro.

III

The aviator knows nothing of the forest, the forest he flies over. Sometimes, from one of the clearings, I have been able to look him in the eye. Well I know what he comes for, time and again, this official airborne surveyor. And in the hands of the client who accompanies him are traces of heavy metals, of pencils and India rubbers, of inflammable liquids.

Once (I tell myself) the aviator wanted to be like a bird but today he only knows how to map woods and coastlines from the air, yes, *to really coast*, frightening the birds of the forest with his small plane, as he takes photographs that must serve the one he himself already serves by flying so low. What, in fact, could we say of the client who accompanies him other than that he smiles with satisfaction although he is certainly fearful of flying.

The bird also perceives the forest from above, but his flight, how otherwise, knows how to transparently penetrate the living darkness, the silence of her shadowy heart. He then drinks the light from her wet leaves and feeds his young in the warm moss or in the highest branches; he himself feeds on moldy roots, the soft bread of the subsoil, and only then understands the significance of flight, of arriving from up there, above.

Therefore the aviator is not like the bird.

IV

El limonero no está en el bosque, sino más allá del bosque. Digamos que es el árbol que nos recibe solitario a la salida del bosque. Al zorzal siempre le ha gustado este más allá. Nadie sabe por qué.

Se diría que el zorzal ama el limonero porque está más allá. Ama salir del bosque y sale siempre para ser recibido por el limonero. Durante el día, es cierto, apenas se le ve, parece que sueña con su más allá vespertino. Pero no son sus hojas ni su fruto lo que busca el zorzal, ni tampoco su olor ni sus delicadas sombras: nada de lo que nosotros buscaríamos.

Lo que el zorzal *desea* del limonero, más allá del bosque, es su luz. Nadie sabe por qué —ni tampoco desde cuándo.

IV

The lemon tree is not in the forest, but rather, beyond the forest. Let us say that it is the tree that greets us alone on the way out of the forest. The thrush has always liked this beyond. No one knows why.

One might say that the thrush loves the lemon tree because it is beyond. It loves leaving the forest and always leaves to be received by the lemon tree. Throughout the day, it is true, it is hardly to be seen, it appears that its dreams are of a vespertine beyond. But the thrush searches neither for its leaves nor its fruit, nor its scent nor its delicate shade: nothing that we would search for.

What the thrush *desires* from the lemon tree beyond the forest, is its light. No one knows why —or since when.

V

Ah, los animales solitarios: cómo esperan la página de marzo, la escritura que los haga salir hacia la luz. Sólo entonces las redes invisibles del bosque se abrirán para ellos. Será la tinta de la primavera la que guiará sus pasos otra vez, la que les mostrará el camino de siempre.

Débiles, enfermos, taciturnos: de los animales solitarios sólo se apiadan el sol del mediodía y las flores nuevas del bosque. Abren lentamente los ojos y se sacuden el polvo frío del invierno. Caminan como los niños.

La primavera nunca consigue salvarlos de su soledad, pero sí que los baña siempre con agua de color, con perfumes amorosos. Por eso digo que la escritura de la primavera les dice al menos con qué ropa partir.

V

Ah, the solitary beasts: how they await the March page, the script that coaxes them forth towards the light. Only then will the invisible webs of the forest part before them. It will be the ink of spring that guides their steps again; that will show them the unchanged trails.

Weak, sickly, withdrawn: only the midday sun and the new flowers of the forest show pity for the solitary creatures. They slowly open their eyes and shake off the cold dust of winter. They walk like children.

Spring never succeeds in saving them from their solitude, though yes, it will always bathe them with colored water, with perfumes of love; which is why I say that the calligraphy of spring tells them, at least, in which garments to depart.

VI

Conocimiento de sí mismos no tienen los árboles. Así lo afirma Plinio y, mucho antes que él, Aristóteles. Nada impide suponer, sin embargo, que no sean los árboles criaturas soñadoras.

Un día en el bosque, mientras Eric, el leñador, talaba un viejo pino, quise pensar que, después de todo, un último sueño podría proporcionarle al árbol cierta conciencia de sí mismo. Es decir: puede que el árbol soñara, en aquel instante último, que había sido un árbol.

Cuando se lo dije, Eric se echó a reír, pero también me contó que, en cierta ocasión, mientras empezaba a talar otro pino alto, también en este bosque, había percibido un rápido movimiento de sus ramas, como un temblor, algo parecido a un sobresalto, una breve agitación desconocida, sí, un *despertar* del árbol todo muy extraño.

VI

Trees have no knowledge of themselves. Pliny avows this, and long before him, Aristotle. There is nothing, however, that prevents us assuming that trees might well be creatures that dream.

One day in the forest, while Eric, the woodsman, was chopping down an old pine tree, I wanted to think that, after all, a last dream might vouchsafe the tree a certain awareness of itself. That is to say: that the tree might, in that instant, dream it had been a tree.

When I said this to him, Eric burst out laughing, but he also told me that on one particular occasion as he prepared to chop down another old pine tree, also in this forest, he had noticed a rapid movement about its branches, like a tremor, something akin to a flinching, a short, unfamiliar disturbance, yes, an *awakening* of the tree, all very strange.

VII

Nadie acompaña al caminante. Ni siquiera sus demonios lo acompañan cuando sale a caminar, cuando se adentra en el bosque.

Así es la soledad del caminante solitario. Así es el horizonte, nítido y virtuoso, de todos sus caminos.

VII

Nobody accompanies the wanderer. Not even his demons escort him when he sets out walking, as he makes his way into the forest.

Such is the solitude of the lone wanderer. Such is the untarnished and virtuous horizon of all his trails.

VIII

Con el cazador hablo poco, ésa es la verdad, pero a veces me acerco a él y le pregunto. Dice algunas palabras: tórtola, perdiz, zorzal, conejo. Sabe mucho más que yo de todas ellas, sabe, por tanto, mejor que yo lo que se dice. También su perro que no habla conoce bien estas palabras, sabe al menos cómo y por dónde empezar a perseguirlas.

Existen diferentes tipos de silencio en el bosque, pero ninguno posee una oscuridad tan honda como la que se produce después de un disparo. Es como si también la luz se hubiera recogido asustada. Podría hablarse también de habitación vacía, o de página en blanco, o de sueño profundo. Pero nada que digamos se parecería a este silencio, a esta oscuridad.

Este silencio oscuro, se diría, es propiedad del cazador, pues él lo ha provocado. Aunque es su perro sobre todo el que sabe interpretarlo, el que se adentra en él, segurísimo, como una segunda bala rápida y definitiva. Es un silencio con perro de principio a fin.

El cazador sabe palabras, pero sólo su disparo adquiere la forma y la gravedad de un pensamiento. Alado, fugaz, incisivo: el pensamiento se adentra así en el bosque hasta dar con su presa y poder mancharse él mismo también de sangre. Y así es como la nombra y la despoja de su luz, para transformarla en un cuerpo sin aire, para morir con ella.

VIII

The truth is, I hardly speak to the hunter but, now and then, I approach him and I question him. He uses some words: turtle dove, partridge, thrush, rabbit. He knows much more than I do about all of them, moreover, he knows more than I do about what is being said. His dog, who does not speak, also knows these words well, at least he knows how and where to begin to chase them down.

There are different forms of silence in the forest, but none possesses such a depth of darkness as that which settles in the moment after a gunshot. It is as if the very light had also recoiled in fright. One might also speak in this way of an empty room, a blank page, or of deep sleep. But nothing we might mention could match this silence, this darkness.

This shadowy silence, one could say, is the domain of the hunter, because he has engendered it. Although it is, above all, his dog who knows how to interpret it, who truly penetrates it like a second bullet, swift and sure. It is, from beginning to end, a silence with a dog.

The hunter knows the words, but only his shot assumes the form and significance of a thought. Rapid, fleeting and piercing: the thought breaks into the woods until it strikes its prey and then also can soil itself with blood. Thus it comes about that he names it and deprives it of its light, he transforms it into a corpse bereft of breath, only to expire alongside it.

IX

Un río oscuro, lleno de palabras, cruza el bosque. De este antiguo idioma qué sabemos, por qué no lo aprendimos. El ciervo es siervo también de este fluir sin esperanza, de esta promesa incomprensible.

Al pescador yo le pregunto por sus peces y él me dice los nombres. Le pregunto también a qué ha venido. No por los peces. (Solo por el río).

El ciervo lava sus heridas, el pescador las suyas. Así renace una y otra vez el fuego de este idioma sanador que nadie habla.

Así fluye este río de palabras oscuras.

IX

A stygian river, full of words, cuts through the forest. What do we know of this language, why have we not learned it? The deer is also a vassal to this despairing flow, to this unfathomable promise.

I ask the fisherman about his fish and he tells me their names. I also ask him what he has come here for. Not for the fish. (Only for the river).

The deer bathes its wounds, as the fisherman does his. In this way, the blaze of this healing language that nobody speaks is rekindled again and again.

In this way, this river of dark words flows on and on.

X

Que busca compañía y nunca siente frío. Esto es todo lo que yo sé de mi alma: lo que me han dicho de ella quienes se la han encontrado alguna vez, siempre de noche, aquí en el bosque. Y a ellos me remito.

A Tomás, el paciente anillador, experto buscador de nidos. A Sebastián, que sabe más que nadie de martas y ginetas. A Paula y Alberto, habitantes del amor nocturno. A mi padre, que murió hace ya muchos años, aunque todavía le gusta ir al bosque a respirar el aire puro. Y a Julia, la pintora irlandesa, que dicen que está loca.

Está bien que mi alma vaya al bosque, que la conozcan todos. Que aprenda a respirar de otra manera y ya no tenga miedo de sí misma.

X

That it seeks out company and never feels the cold. This is all I know of my soul: all that I have been told about her by those who have sometimes found her, always by night, here in the forest. To them I defer.

To Tomas, the patient bird-ringer and expert forager for nests. To Sebastian, who knows more than any one about martens and genets. To Paula and Alberto, who live in the love of night. To my father, who died these many years ago, although he still likes to go into the forest to breathe in its pure air. And to Julia, the Irish painter, whom they say is mad.

It is good that my soul goes to the forest, that they all might know her. That she should learn to breathe in a different manner. That she should no longer fear herself.

XI

Hubo un tiempo en que asistía a los banquetes del atardecer. Creía en un dios y le rezaba. Creía también que este dios me hablaba. Recuerdo que, cuando se ponía el sol, comía su pan dulce del bosque.

Aprendí a beber el vino seco de mis heridas y a caminar ebrio por los acantilados. Abrazaba entonces a los árboles y a los caballos. Dormía en una cueva. Aquel dios (me parece) ya no creía en mí, pero yo continuaba asistiendo a los banquetes, siempre con mis cuchillos quemados por el sol, con mi oración llena de sangre.

A veces mis pasos en el bosque me llevan todavía hasta aquel altar efímero y puedo ver aún mis propias huellas: las huellas de aquel dios, distante y receloso, en el que yo me había convertido.

XI

There was once a time when I attended the revels of the evening. I believed in a god and I prayed to him. I also believed that this god spoke with me. I remember that as the sun went down I would eat of his sweet forest bread.

I learned to drink the dry wine of my wounds and walk drunkenly along the cliffs. I hugged the trees, then, and the horses. I slept in a cave. That god, it seemed to me, no longer believed in me, but still I attended the feasts, always with my knives scorched by the sun, with my prayers filled with blood.

At times my walks through the forest again take me to that ephemeral shrine where I still see traces of myself: traces of that aloof and mistrustful god whom I am become.

XII

Abandonaron el bosque, según apuntan todos los indicios, una noche de invierno, sin decir nada a nadie, sin luna. Pero parece ser que no era una vida mejor lo que querían, sólo otra vida nueva en un lugar distinto.

Los ornitólogos discuten todavía las razones de esta migración. El caso es muy extraño, pues los fugados son ejemplares de distintas especies, pájaros misteriosamente asociados para una nueva vida en el mar.

Yo pregunto por ellos muchas veces en el bosque, pero me dicen siempre que ya no volverán. Ahora son como una nueva especie apenas vista: pájaros de los que sólo puede decirse que desean ser diferentes.

XII

All the evidence suggests that they left the forest one moonless winter's night, without a word to anyone. But it seems that they were not after a better life, merely a new life in another place.

The ornithologists still debate the reasons for this migration. The case is a very strange one as the fugitives are all examples of different species, birds mysteriously brought together for a new life at sea.

I often ask for them in the forest, but I'm always told that they will no longer return. Now they have become a new and rarely seen species; birds about whom all that can be said is that they desired to be different.

XIII

Para el caminante sus huellas son un miembro más de su cuerpo: sienten y envejecen con él, necesitan cuidados amorosos. Pero también el bosque las reclama como suyas. Por eso yo le pido al ojo del bosque que vigile mis huellas, que no las abandone.

Las huellas tienen piel cansada y áspera, arrugas y cicatrices. Se han quedado a vivir en los caminos: son ellas mismas ya también camino. Nunca pensé que algo tan mío, una parte de mi cuerpo, pudiera transformarse en un lugar de paso, en tierra de tránsito para los animales.

Son polvo y barro —como cualquier otra parte de mi cuerpo. El sol las hace fuertes, sí, pero también el frío. Y aunque solitarias por naturaleza, algunas viven siempre acompañadas, se diría incluso que cómodamente, por otras huellas diferentes, que nunca han sido mías.

A veces las observo y sé cuánto las amo. Por eso yo le pido al ojo del bosque que las mire, que se apiade de ellas, ya que también son suyas —son una parte más del cuerpo de este bosque —, que proteja el camino donde ahora viven, donde yo las dejé sin miedo un día, confiadas.

XIII

To the wanderer, his tracks are one more limb to his body: they endure and age with him, they require loving care. But the forest, too, claims them as her own. That is why I entreat the eye of the forest to watch over my tracks and not to forsake them.

The tracks have rough and tired skin, cracks and scars. They have remained here to live on in the trails; they are now themselves trails. I never thought that something so my own, a part of my body, would transform itself into a pathway, into an earthen passage for the animals.

They are dust and mud — as any other part of my body. The sun strengthens them, yes, but so does the cold. Although solitary by nature, some live on always accompanied, one might say comfortably so, by other tracks, different ones that were never mine.

Occasionally I notice them and realize how much I love them; which is why I ask the eye of the forest to watch over them, to take pity on them, since they are also hers—they are just another part of the body of this forest —to protect the pathways where they now live, where I bravely left them one day, in trust.

XIV

Yo soy mis pies cuando camino, por encima de cualquier (otra) cosa. Y ellos sienten por sí mismos (y por mí), odian o aman, son felices o no.

Pisan sabiendo lo que pisan, tienen sus preferencias, aunque a menudo se equivoquen —por su mala memoria o por sus deseos de aventura.

Lo que también sé es que buscan siempre con placer las hojas secas, *mis pies me llevan hasta ellas*, vayamos por donde vayamos, siempre.

Por esta razón yo digo que mis pies aman la música.

XIV

When I walk, I am my feet above all (other) things. And they feel for themselves (as well as for me), they hate or love, and are happy or not.

They step knowing what they step on, they have their preferences, although they often get it wrong—due to their bad memory or to their desires for adventure.

What I also know is that they hunt happily for dry leaves, always; *my feet lead me to them,* wherever we may be roving, always.

For this reason I say that my feet love music.

XV

Al bosque le he pedido que cuide de mi alma, que la bañe con jugos luminosos, con sus resinas rojas. No quiero un alma pura: sólo un alma que huela a rama quemada por el sol, a nido y a musgo, a río sin retorno.

Le he pedido también al bosque que haga de mi alma un cántaro mejor, barro útil y hermoso, para que puedan servirse de ella los pájaros y los caminantes, los ciervos y las ginetas. Para que puedan todos algún día beber agua misericordiosa, agua del infinito.

También le he pedido al bosque el calor de su boca, para que mi alma pueda de este modo y siempre sentir el aliento húmedo de la luz, la saliva fértil de las estaciones, el fermento oscuro de todas las raíces.

No quiero un alma pura que solamente mire al cielo. Quiero un alma que lleve su gemido hasta la boca del bosque, y que la salven si pueden los ríos subterráneos, las promesas del liquen. Y por eso le he pedido al bosque también que lamiera mi alma con su lengua invisible.

XV

I beseech the forest to care for my soul, to bathe her with glowing saps, with her crimson resins. I do not wish for a spotless soul: merely a soul that smells of the sun-baked branch, of the nest and the moss, of the boundless river.

I have also asked the forest to make of my soul a more worthy vessel, of clay, useful and beautiful, so that the birds and the wanderers, the deer and the genets may make good use of her; that they might all one day drink the waters of mercy, the waters of eternity.

I have also asked the forest for the warmth of her mouth, so that my soul may thus and forever feel the moist breath of the light and the fecund sap of the seasons, the murky leaven of all the roots.

I do not want a pristine soul that merely looks skywards. I want a soul that carries its lament to the mouth of the forest, and whom the underground rivers might rescue if they could, the promises of the lichen. And for this I have also asked the forest to lick my soul with her invisible tongue.

XVI

Hay humildad en la casa del jilguero y restos de mi infancia.
Hay pasillos oscuros y pobreza. Hay palabras que ahora yo
recuerdo.

Hay también ramas que se pudren, ramas sin sol, ramas
muy frías. Y sin embargo allí, un día, entre estas ramas, me
despertó la música.

Hay migas de pan húmedo y alas secas de insectos. Hay un
ir y venir de niños sin retorno, de voces que aún escucho.

Hay platos olvidados, linternas inservibles. Hay plumas de
otros pájaros y hojas arrugadas. Así será siempre la casa
del jilguero.

Hay semillas y orugas, polillas, flores blancas. (Nadie
puede decir cuántas cosas necesita un jilguero para vivir
dignamente).

Hay espinas y pétalos mojados, mis manos sucias que
luego habrá que lavar bien, antes de cenar, como todas las
noches.

XVI

There is humility in the house of the thrush, and echoes of my childhood. There are words I now recall.

There are also branches that rot, sunless branches, bitterly cold branches. Nevertheless, one day, among these branches I was awakened by music.

There are crumbs of damp bread and the dry wings of insects. There is a ceaseless coming and going of children, of voices that I still hear.

There are forgotten plates and run down torches. There are the feathers of other birds and crumpled leaves. The house of the thrush will always be like this.

There are seeds and caterpillars, moths, white flowers. (No one can say how many things a thrush might need to live life with dignity).

There are thorns and sodden petals, and my soiled hands that I will have to wash carefully before supper, as I must every night.

XVII

Exhibirse y mostrar su poder: es lo que el viento quiere cuando entra en el bosque. Ponerse a prueba, recrearse, escucharse a sí mismo. Criatura extraordinaria y sin raíces, el viento busca el bosque porque sabe siempre que aquí su dolor tiene eco y su furia es visible.

Con qué placer inmenso mueve el bosque, con qué soberbia impone sus regalos. Fruta nueva y amarga del viento es la rama rota, pero también la piña despedida, el arbusto inclinado, la senda sucia.

Solamente el cernícalo sale al encuentro del viento y se alía con él para volar más alto, para poder mirar el bosque todo desde arriba.

En su gemido no hay amor, sólo una fuerza oscura que necesita ser dicha, el potente reflejo de un dolor más lejano. O tal vez sí hay amor, sólo que entonces se diría que es un amor lleno de sueños tristes.

Después del viento el bosque está siempre cansado.

XVII

To display itself and show off its power: that is what the wind wants when it enters the forest. To test itself, to amuse itself and to hear itself. Remarkable and rootless creature, the wind seeks out the forest because it always knows that in here its pain finds echo and its fury is made visible.

With what immense delight it rouses the forest, and with what arrogance it inflicts its bounty. The young and bitter fruit of the wind is the splintered branch, but also the blasted pine cone, the buckled bush, the fouled up footpath.

Only the kestrel goes to meet the wind and allies himself with it in order to soar ever higher and thus be able to see the whole forest from above.

There is no love in his moaning, only a dark force that craves expression, the powerful echo of a more distant anguish. Or perhaps there is love, only that one would then portray it as a love brimming with saddened dreams.

After the wind the forest is always worn out.

XVIII

En el bosque no preguntamos a nadie de dónde viene, así que yo no sé de dónde vienen estos pájaros de octubre. Un día están aquí y el bosque es una fiesta. Siempre son bien recibidos.

Nos gusta oírlos —y ni siquiera entendemos que pueda haber sitio para todos. Rápidos, nerviosos —y sin embargo traen también la mansedumbre. Ellos son los que acaban de una vez por todas con el largo verano.

Y el agua que vienen a beber en la palma de mi mano se parece a la luz, es un agua alegre que alumbra: mi mano es una fuente entonces.

Oh pájaro de octubre, oh sed tan luminosa.

XVIII

In the forest we do not ask anyone where they come from, just as I do not know where these October birds come from. One day they are here and the forest is a celebration. They are always well received.

We enjoy listening to them —and can hardly imagine that there might be room for everyone. Hurried and excitable —they nevertheless also bring gentleness. It is they who, once and for all, draw the lingering summer to a close.

And the water that they come to drink from the palm of my hand seems like light, it is water that illumines: my hand then becomes a wellspring.

Oh bird of October; oh what radiant thirstiness.

XIX

Es sabido que de todas las criaturas que hay en el bosque el sol de diciembre es el que más pena da, el que parece más desamparado.

Ni siquiera resulta fácil encontrarse con él.

Sin duda tiene frío o hambre, y en su cuerpo mojado a veces pueden verse manchas o heridas de auroras apagadas, rasgaduras celestes.

Por eso yo le dije un día que lo vi, entre las ramas viejas de una encina, temblando y solo, con los ojos cerrados, que viniera conmigo.

Por eso yo le abrí también la puerta de mi casa.

XIX

It is known that amongst all the beings of the forest the December sun is the one that evokes the most pity, that appears the most forsaken.

He is not even that easy to come across.

Doubtless he feels the cold and hunger, and on his dripping body are to be seen the marks or wounds of extinguished auroras, celestial lacerations.

That is why, when I saw him one day amidst the old branches of an oak tree, trembling and alone, with his eyes tightly closed, I told him to come along with me.

That is why I also opened the door of my house to him.

XX

Mis manos también tienen su visión propia del bosque, han aprendido a abrir las páginas ocultas, a leer en ellas los textos invisibles. Palpan la oscuridad y la temperatura, el miedo y la esperanza.

Mis manos acarician el milagro del nido, su membrana nocturna. Acarician el aire que exhalan las raíces, la fuerza de los frutos nuevos, el rastro húmedo y transparente de los caracoles.

Tocan la luz pobre del musgo y el pálpito seco de las ramas rotas. Tocan la edad de la corteza y la consistencia de la resina. Tocan la humedad del color verde y el aliento oscuro de los escarabajos.

Acarician también los ojos del animal muerto y palpan en su mirada la sombra azul de todos los caminos, el agua deseada. Acarician el pulso fértil de su descomposición.

Mis manos hablan entonces otro idioma: el que aprendieron palpando la textura del bosque, su misterio tangible.

XX

My hands also have their own perception of the forest; they have learned to open the hidden pages, to read in them their invisible texts. They explore the darkness and the temperature, the fear and the hope.

My hands caress the miracle of the nest, its membrane of night. They caress the air that the roots exhale, the vigour of the new fruit, the moist and filmy trails of the snails.

They touch the meager light of the moss, the dry quivering of the broken branches. They touch the age of the bark and the consistency of the sap. The touch the dampness of the colour green and the dark breath of beetles.

They also caress the eyes of the dead animal and in its gaze feel the azure shadow of all paths, the yearned-for water. They caress the teeming and mysterious pulse of its putrefaction.

My hands then speak a different language: the one they learned touching the texture of the forest, her manifest mystery.

XXI

A decir verdad no se sabe si hay lobos en este bosque, porque nadie los ha visto. Pero del miedo digo que es como un lobo perdido, porque yo sé que este animal teme estar solo, teme estar lejos de la manada.

Y el miedo que sentimos nosotros muchas veces en el bosque es también desamparo, frío, añoranza. (Saber que estamos solos).

Por esta razón, bajo la lluvia lenta de la noche, muchas veces caminamos hacia ninguna parte, buscando solamente una respuesta a nuestra soledad, hasta que damos por fin con un refugio inesperado y suficiente: un lugar en el bosque donde empezar de nuevo.

Y allí aprendemos otra vez a amar el bosque. Y allí aprendemos también, me parece, a conocernos en la oscuridad.

XXI

To tell the truth, it is not known whether there are wolves in this forest because no one has seen them. But I say of fear: that it is like a lost wolf, because I know that this animal fears being alone, fears being far from the pack.

And the fear that we ourselves feel sometimes in the forest is also abandonment, cold, yearning; (knowing that we are alone).

For this reason, beneath the slow rain of the night, we often walk towards nowhere in particular, simply looking for an answer to our loneliness, until at last we stumble upon an unexpected refuge: a place in the forest to begin anew.

And there once again we learn to love the forest. And there, it seems to me, we also learn to know ourselves in the darkness.

XXII

Algunas veces le he pedido al agua del bosque que me convierta en un ser invisible, como tantas otras criaturas que también andan por aquí y que envidiamos. Y aun sabiendo que no es posible que me dé lo que le pido, insisto en que me deje al menos compartir su transparencia.

Y si se diera el caso de que también tuviera que explicarle para qué, yo le diría entonces simplemente esto: que, algunas veces, cuando llegan al bosque el viento del norte o la sequía, la tormenta de barro o la plaga de insectos, *no ser visto por nadie es mi deseo.*

XXII

At times I have asked the water of the forest to turn me into an invisible being, like so many other creatures that also roam about here and whom we envy. And, even knowing that it is not possible to grant my wish, I insist that it allow me, at least, to share its limpidity.

And should the situation also arise that I needed to explain the reason why, I would then say simply this: that, sometimes, when the north wind or the drought, the storm or the blight of insects, reach the forest, *not to be seen by anyone is my desire.*

XXIII

Mi cuerpo y las agujas del espino se conocen. Cuando salgo del bosque, muchas veces, miro sus huellas negras en mis brazos, la saliva caliente y ácida que ellas exudan siempre para mí.

Pero también mis huellas acompañan al espino muchas veces. Éstas son siempre rojas y se adhieren fácilmente a la rama puntiaguda o a la flor emergente. En ellas hay sudor y carne sucia.

Digamos que, sin estar hechos el uno para el otro, mi cuerpo y el espino comparten muchas veces el estrecho sendero y el aire húmedo del bosque, la luz donde se encuentran y siempre se saludan.

XXIII

My body and the barbs of the hawthorn know each other. When I leave the forest I often see its black tracks on my arms, the hot and caustic spittle that they always exude for me.

But my tracks also often accompany the thornbush. They are always crimson and easily stick to the sharp branch or the budding flower. They are full of sweat and sullied flesh.

Let us say that, without being made for one another, my body and the hawthorn often share the same narrow path, the humid air of the forest and the light in which they meet and always greet each other.

XXIV

Allí donde por fin me siento a descansar todos los días hay un olor a líquenes quemados, a ruda y a tomillo. Es un lugar que estaba en mí antes de conocerlo. Es una sombra dulcemente deseada.

Mi cuerpo en esta sombra es una fuente. Y ahora puedo sentir también el frío oscuro y subterráneo, el caudal invisible que hay en mí. Que vengan a beber, si quieren, las raíces y las aves de paso.

En mi cansancio he visto otros caminos, otro pinar más puro. Ahora contemplo mi sudor y escribo estas palabras, que son también hojas del bosque, hojas húmedas que anuncian su secreto.

Antes de regresar, de ponerme otra vez en camino, un sol también oscuro lava mi cuerpo con sus resinas blancas.

XXIV

There, where I at last sit down to rest every day, is a smell of burning lichens, of herb-of-grace and thyme. It is a place that was inside before I found it. It is a sweetly longed for shadiness.

In this shade, my body is a spring. And now I can also sense the shadowy and subterranean chill, the hidden source that is in me. Let those roots and migrant birds come and drink, should they so wish.

In my weariness I have seen other trails; other, more flawless pine woods. Now I muse over my sweat and write these words that are also leaves of the forest, damp leaves that reveal their secret.

Before returning and heading back along the trail, a sun, also darksome, bathes my body with its white resins.

DISCURSO EN VERSO

DISCOURSE IN VERSE

Cuando este bosque ofrece al fin sus hojas secas
el caminante las recoge y dice:
creo en la claridad de su caída. El mirlo
está también allí siempre en invierno
y oficia a solas con sus salmos
oscuros, diferentes. Ya en la palabra bosque
hay un crujir de ramas
y pasean los ciervos junto al río. Hay árboles
que son también como palabras
altas y misteriosas. Se diría
que en este idioma antiguo y perfumado
por la resina y el romero
el caminante encuentra a solas su camino
y se prepara para ver. El aire
entonces lame con su lengua limpia y dulce
los ojos y los pies del emboscado,
sus manos muchas veces. Y así los viejos nombres
brotan de nuevo, son las hojas nuevas
y esperadas del día. Así florecen
también en su decir
y dan sentido a este camino, anuncian
un saber sobre el bosque.

Allí donde, temprano, casi todos los días,
el cazador deja su *jeep*,
comienza el bosque que yo digo,
llamado por algunos "Las Colmenas"
o también "Brezo Rojo",
aunque en mapas antiguos aparece,
según he comprobado,
con otros muchos nombres diferentes.
El mar no está muy lejos,
pero el bosque no quiere casi nunca

When this forest at last offers up its dry leaves
the wanderer gathers them and says;
I believe in the clarity of their fall. The blackbird
is also always there in winter
and officiates alone with his psalms
dark, different. Already in the word forest
there is a creaking of branches
and the deer range along the river. There are trees
that are also like words,
tall and mysterious. One might say
that in this language, ancient and scented
by resin and rosemary,
the wanderer finds his way by himself
and readies himself to see. The air,
with its clean and sweet tongue, licks
the eyes and feet, and often the hands,
of one swallowed up by the forest. And thus old names
bloom afresh, they are the new and long-awaited
leaves of day. Thus they flower
also in their speaking
giving meaning to this journey, revealing
their knowledge of the forest.

Over there where, almost every day,
the hunter leaves his *jeep* at dawn,
is where the forest I mention begins,
called "Las Colmenas" by some
or also "Brezo Rojo",
although on older maps it appears,
as far as I can make out,
under many other different names.
The sea is not far away,
but the forest hardly ever wants

saber nada del mar: le da la espalda,
aunque a veces se oyen
sirenas de los barcos o llega aire salobre.
Ruinas de carboneras
y senderos cubiertos por las ramas del brezo
abundan en el bosque
y el caminante sabe dónde están.
Sabe también decir con qué colores nuevos
llegarán a este bosque, sin dudarlo,
las estaciones sucesivas.
Sus manos tocan líquenes, cortezas,
nidos negros, el musgo: no salen de su asombro.
Y estas manos admiran
la dulce oscuridad de lo que ignoran.
Cuando cada mañana entra en el bosque
el caminante sabe a qué ha venido.

Sus ojos no reescriben en vano lo que ven:
van así las palabras
descubriendo las cosas de este bosque,
su estancia verdadera.
Y en este andar que es un decir también,
un discurso asombrado,
el caminante pisa muchas veces
tierra húmeda o polvo de los viejos caminos,
hojas secas, raíces,
y aprende a respirar de un modo nuevo
cuando los ciervos aparecen.
Un pensamiento es como el musgo: absorbe
la humedad de la noche
y luego apenas le da el sol, pero se extiende
deseoso de dar, de mostrar algo.
Así consigue el caminante

to know anything of it: it turns her back on it,
even though sometimes one hears
foghorns of boats or salt-laden air blows ashore.
Ruins of charcoal pits
and pathways strewn with branches of heather
abound in the forest
and the wanderer knows their whereabouts.
He can also tell, without a doubt,
in which new colors the successive seasons
will be arriving in this forest.
His hands touch lichens, barks,
black nests, moss: they never fail to amaze.
And these hands admire
the sweet darkness in all they are unaware of.
When each morning he enters the forest
the wanderer knows what he has come for.

His eyes do not rewrite in vain all they see:
words proceed likewise
uncovering the trappings of the forest,
his true resting place.
And in this wandering, also an utterance,
a discourse of wonderment,
the wanderer often treads upon
damp earth or dust of ancient pathways,
dry leaves, roots,
and learns a new way of breathing
when the deer appear.
A thought is like moss: it absorbs
the dampness of night
and though barely touched by the sun, it stretches forth,
anxious to give, to have something to show.
This way the wanderer acquires

pensar de nuevo el bosque cada día.
Se asoma al río y bebe, baña sus pies, sus manos,
observa el porvenir de las palomas,
sus huellas de anteayer,
reescribe en su mirada las heridas del cuerpo,
los senderos difíciles, oscuros.
Y nadie sabe nada de él mientras camina,
está en otro lugar,
a veces se ha perdido, pero entonces
también ha celebrado esta luz negra
que brota como flor desconocida
entre los árboles nocturnos,
discurre hasta llegar a ser un hombre nuevo,
un caminante inadvertido.

Todo en la luz, en el calor blanco del día,
muestra su carne perezosa,
su murmullo de fuego inalterable,
su corazón desnudo. A veces,
en esta claridad,
llena de insectos y resinas,
un pájaro atraviesa
la soledad del bosque escrito. Nadie
podría descifrarlo,
pero en su vuelo incandescente
hay promesas que son como espinas de oro
o llagas de colores. Más allá,
sólo el aire o la música esperada del día,
semillas transparentes,
la materia sin fin de nuestro bosque:
el secreto diáfano
de su transpiración.

a new way of thinking each day in the forest.
At the river's edge he drinks, washes his feet, his hands,
he watches over the prospects of doves,
the day before yesterday's tracks,
he rewrites in his gaze the body's wounds,
the difficult gloomy pathways.
And no one knows anything of him as he walks,
he is elsewhere,
at times lost, but then
he also rejoices in this dim light
that blooms like an unknown flower
amongst the trees of night,
he roams onwards until he becomes a new man,
an unremarked drifter.

All the light in the white heat of day
reveals his languid flesh,
his murmurings of immutable fire,
his naked heart. At times
in this brightness
full of insects and resin
a bird flies through
the solitude of the written forest. Nobody
could decipher it,
but in its incandescent flight
there are promises that are as thorns of gold,
colored wounds. Beyond that
only the air or the longed-for music of day,
transparent seeds,
the inexhaustible substance of our forest,
the diaphanous secret
of her exhalations.

Your Words Matter

Your Words Matter

Your Words Matter

CPSIA information can be obtained
at www.ICGtesting.com
Printed in the USA
JSHW041400110623
42982JS00006B/110

9 780997 301434